AF242390

RÉGLEMENT

Pour la Société ALLOBROGE des
Amis de la Liberté & Égalité, séante
aux Jacobins, à Chambery.

LA Société a cru que dans ces moments critiques, où
les orages & le trouble entouroient la liberté dans son
berceau, & au milieu des obstacles qu'elle éprouve
de la part de ceux dont elle renverse les prétentions,
tout ce qui tend à réunir ses partisans & ses défenseurs
devoit être précieusement acceulli, & que les Assem-
blées & les Délibérations publiques étoient le moyen
le plus puissant pour établir entre les bons Citoyens
l'uniformité de vœux de principes & de conduite,
seule capable de consommer de la manière la plus
prompte & la plus paisible l'heureuse révolution qui
doit établir l'égalité des droits, la souveraineté du peuple & consommer l'anéantissement de ses oppresseurs.

Tandis que la Convention Nationale s'occupe à poser les grandes bases de l'indépendance & de la prospérité
des Nations, il importe que les principes qui la di-
rigent soient universellement répandus, & lorsque de
toutes parts on seme l'erreur, les allarmes, les calom-

nies ; il faut que partout la vérité puisse se faire en-
tendre & parler à tous le même langage ; s'il arrivoit
encore qu'un petit nombre d'hommes dénués par
eux-mêmes des forces nécessaires pour lutter avec suc-
cès contre la masse des volontés vouluffent rétablir leur
empire en divifant les Citoyens, en fufcitant des ri-
valités en irritant les paffions, l'amour - propre, les
préjugés & les intérêts privés contre l'intérêt général ;
il faut que les amis du bien puiffent oppofer à leurs
cris féditieux des paroles calmes & raffurantes ; &
qu'informés exactement, prémunis eux-mêmes contre
le menfonge, ils ne ceffent d'éclairer le peuple & le
preferver des erreurs qui font devenues le feul efpoir
de fes ennemis.

Ainfi ces Sociétés formées par l'enthoufiafme du bien
public, ces difcuffions politiques qui firent en tout
tems les délices & la sûreté des peuples libres, font
aujourd'hui commandés par les intérêts les plus chers
de notre patrie : fa liberté, fa tranquillité nous pres-
crit d'unir les bons Citoyens par une correfpondance
intime, & s'il lui refte des ennemis, tout, jufqu'à leur
sûreté nous invite à former contre leurs efforts une
réunion fi puiffante, qu'ils ceffent & perdent l'efpoir
d'appeller fur notre patrie des troubles qui ne prefen-
teroient plus que des dangers pour eux.

Une Société établie près de la Convention Nationale
& qui compte parmi fes Membres un grand nombre
de Députés des différents Départements de la Républi-
que Françoife peut feule offrir un centre commun à
celles qui voudront répandre fes principes & partager
fes travaux : à cette condition, elle offre de recevoir
les rapports qu'elles feront dans le cas de lui faire &
de leur tranfmettre les vues qui réfulteront du rappro-
chement des lumières & de l'intérêt, de leur expofer

(3)

l'efprit des décrets de la Convention Nationale qu'il
eft du plus grand intérêt de répandre d'une manière
uniforme ; il eft donc effentiel pour la Société de
Chambery d'être réunie à ce centre précieux , pour
qu'après en avoir adopté les mêmes règles & principes dans fes démarches, délibérations & arrêtés , elle
puiffe à l'avance efpérer les mêmes fuccès.

Deftinées à répandre la vérité , à défendre la liberté
& l'égalité, fes moyens feront auffi purs que le but
qu'elle fe propofe ; la publicité fera le garant de toutes fes démarches : écrire & parler ouvertement pro-
feffer fes principes fans détour, avouer naivement fes
vues, fes travaux, fes efpérances ; ce fera la marche
franche par laquelle elle travaillera à mériter l'eftime
publique qui feule peut faire fa force & fon utilité.

La fidélité à la fouveraineté du peuple , le devoue-
ment à la défendre , le refpect & la foumiffion aux
pouvoirs qu'il aura établis, feront les premières lois
impofées à ceux qui voudront être admis à cette Société : les titres pour s'y préfenter feront furtout l'amour
de l'égalité, la haine fentie du defpotifme & des in-
triguants , & ce fentiment profond des droits des
hommes, qui nous dévoue par inftinct à la défenfe
des foibles & des opprimés , & nous pénètre affez
de notre propre dignité , pour honnorer un Citoyen
indépendamment des diftinctions précaires & des titres
aviliffants qu'invente l'orgueil & que cherche la vanité.

Après avoir expofé le but de cette affociation, le
Réglement propre à la diriger fera néceffairement fim-
ple & precis : les inftitutions contraires à la nature ont
befoin d'être foutenues par des lois profondément com-
binées : ici, tout confifte à choifir des hommes déjà
pénétrés de l'efprit qui doit animer la Société ; les
articles de police qui vont fuivre peuvent fervir de

bafe à l'organifation de toutes les Sociétés patriotiques qui ont l'inftruction publique , la furveillance des mauvais Citoyens pour objet , car à l'exception des changements que la localité , & des convenances particulières pourroient exiger les difpofitions relatives à l'efprit & au but de l'inftitution doivent être partout les mêmes.

L'objet de la Société des Amis de la liberté & égalité établie à Chambery eft 1°. de travailler au maintien de la fouveraineté du peuple & des droits de tout individu , fur lequel le defpote ou l'intriguant voudroient effayer arbitrairement leur fupériorité ; 2°. de refter fidelle aux principes qu'elle vient d'énoncer dans ce préambule & de ne rien omettre pour en établir & conferver le triomphe ; 3°. de correfpondre avec la Société des Jacobins de Paris , à laquelle le Citoyen Philibert Simon l'un de fes Membres & Député à la Convention Nationale , vient de l'affilier en vertu d'un Diplome qui lui en donne le pouvoir, & de l'informer de tous les objets qui intéreffent la chofe publique ; 4°. de correfpondre également avec toutes les autres Sociétés defquelles elle auroit reçu l'affiliation ou auxquelles elle l'auroit accordée ; 5°. de répandre dans le public , par des écrits publiés en fon nom & avoués par elle , par des avis & des lectures publiques , tout ce qui peut tendre à propager l'efprit & les principes qu'elle vient d'adopter ; 6°. de veiller par tous les moyens légitimes qui feront en fon pouvoir au maintien & à l'obfervation des lois fanctionées par le peuple ; 7°. de faire régner l'union & la paix , de travailler à confoler l'humanité fouffrante , à faire fleurir l'agriculture , le commerce, les arts & les metiers.

ORGANISATION.

CHAPITRE I.

Admission des Membres.

ARTICLE PREMIER.

Nul ne peut être Membre de la Société s'il n'est âgé de 18 ans, & s'il est d'une autre Société qui ne soit pas affiliée aux Jacobins de Paris.

II.

Les personnes présentées à la Société devront être proposées par un Membre & appuyées par trois.

III.

Le billet de présentation contiendra le nom, âge, état & demeure du Candidat, sera signé du proposant & des trois appuyants.

IV.

Le Président proclamera les Candidats pendant trois Séances consécutives, y comprise celle de la présentation, & immédiatement après la lecture de la correspondance.

V.

Tout Membre qui aura des observations à faire sur un Candidat pourra les communiquer aux présentants & appuyants qui pourront, s'ils le jugent à propos, retirer leur présentation.

VI.

Le Candidat dont les appuyants & présentants auront persisté, seront présenté à la Société pour leur

réception par assis & levé après la troisième procla-
mation , & le tiers des Membres présents à la Séance formant opposition suffit pour prononcer l'exclusion du Candidat.

V I I.

L'Assemblée ne pourra procéder à l'admission d'aucun Candidat , si elle n'a présents à la Séance douze
de ses Membres sur trente.

V I I I.

Un Candidat refusé ne pourra se représenter qu'après
un laps de six mois.

I X.

Les Membres reçus prêteront le serment d'etre fi-
delles à la Nation , de maintenir la liberté & l'égalité ou de mourir en les défendants.

X.

Lorsqu'un Membre de la Société sera convaincu
d'avoir manifesté par écrit , verbalement ou par ses
actions des principes contraires aux droits de l'homme,
il sera censuré par le Président, ou suspendu du droit
de Séance pendant un tems déterminé, ou même exclu de la Société , suivant la gravité du cas d'après
la délibération prise & le jugement rendu à la majorité des suffrages.

X I.

L'exclusion sera aussi prononcée par le fait même
contre tout Membre qui refuseroit de remplir les char-
ges de la Société & seroit dans une négligence cou-
pable à cet égard.

X I I.

La Société jugera tous les cas où un Membre devra être exclu de son sein , mais il faudra que la pro-
position en soit faite & appuyée par un cinquième de
ses Membres,

XIII.

La Société regardera comme ses affiliés toutes les Sociétés correspondantes avec celle de Paris séante aux Jacobins, & les Membres de ces Sociétés, qui pendant leur passage en cette Ville, présenteront un certificat authentique seront admis pendant un mois seulement à ses Séances, & le mois expiré, s'ils veulent continuer à jouir de cette faveur, ils se sometront aux formalités exigées par les articles 2, 3, 4, 5 & 6 du présent Chapitre.

De la Police intérieure de la Société.

CHAPITRE II.

Des Séances de la Société.

ARTICLE PREMIER.

Il y aura trois Séances par semaine, le Dimanche, le Mardi & Jeudi.

Dans des cas imprévus & urgents, le Président seul a le droit de convoquer une Séance extraordinaire, & il ne pourra s'y refuser à la réquisition de huit Membres.

III.

Le mode de la Convocation sera d'envoyer un billet d'invitation chez chaque Membre, en lui désignant le lieu & l'heure du rassemblement.

CHAPITRE III.

Des Présidents & Secrétaires & de leurs Fonctions.

ARTICLE PREMIER.

Il y aura un Président & quatre Secrétaires.

I I.

Le Président & la moitié des Secrétaires seront élus & changés tous les mois à une seule Séance, à la pluralité relative des suffrages, & les mêmes ne pourront, sous aucun prétexte, être continués ou réélus, qu'aprés l'expiration d'un pareil terme.

I I I.

Les fonctions de Président sont de maintenir l'ordre dans l'Assemblée, d'y faire observer les Réglements, d'y accorder la parole, dénoncer les questions sur lesquelles l'Assemblée a à délibérer, d'annoncer le résultat des suffrages, de prononcer les Arrêtés de la Société, d'y porter la parole en son nom, de faire l'ouverture & la clôture des Séances, d'annoncer à la fin de chacune, les objets dont on devra s'occuper dans la suivante, conformément à l'ordre du jour qui sera consigné dans un regiftre dépofé fur le bureau, & affiché à la porte de la Salle, chaque jour des Séances.

I V.

Il ne fera jamais partie d'une députation pendant la Séance.

V.

Il ouvrira, Séance tenante ou au Comité de Correspondance, les lettres & paquets adressés à la Société.

V I.

V I.

Il fignera les lettres, adreffes, extraits, certificats &
les procès-verbaux fur le regiftre, après qu'ils auront
été approuvés, & enfin tout ce qui émanera de la Société collectivement.

V I I.

Les Secrétaires répartiront entr'eux le travail des no-
tes, la rédaction du procés-verbal & fa tranfcription
fur un regiftre qu'ils préfenteront à figner au Préfident
de Séance en Séance.

V I I I.

Ils donneront lecture des procès-verbaux, à l'ouverture
de chaque Séance fur l'invitation du Préfident, lui préfenteront la note des objets à mettre en délibération,
conformément à l'ordre du jour ; lui remettront les pro-
clamations à faire & le réfultat des fcrutins quand ils
les auront dépouillé, pour être par lui annoncé dans
la Séance.

I X.

Ils auront à leur difpofition, les Sceaux de la Société
& les remettront à leurs fucceffeurs, lors de leur changement, ainfi que tout ce qui feroit à leur charge.

C H A P I T R E   I.

Ordre de la Salle.

A R T I C L E   P R E M I E R.

LA Séance commencera à la préfence du quart de
fes Membres, par la lecture du procès-verbal de la pré-
cédente Séance, & fera fuivi du rapport fur la Correfpondance

I I.

La Séance ouverte, chacun restera assis & gardera le plus parfait silence ; la sonete en sera le signal , & celui qui refuseroit d'obéir , sera rappellé à l'ordre par le Président , au nom de la Société.

I I I.

Tout membre peut réclamer le silence , en s'adressant au Président , & celui-ci observera à ce que personne n'approche sa place ou entoure le bureau, que ceux qui y sont en fonctions.

I V.

Les Membres de la Société ont seuls le droit d'occuper l'enceinte de la Salle , & il sera établi, à cet effet , deux Commissaires , chaque jour d'Assemblée, qui vérifieront ceux qu'ils doivent introduire.

V.

La Société fera délivrer à chaque Membre une contremarque timbrée du Sceau qu'elle aura adoptée & signée du Trésorier. Nul ne sera admis par les Commissaires d'entrée , s'il ne la présente attachée à la boutonnière ; & tous devront la garder ainsi jusqu'à la fin de la Séance.

V I.

Il y aura , en outre , deux Commissaires de Police, dans l'enceinte de la Salle , pour maintenir l'ordre , faire asseoir tout le monde , & empêcher qu'il ne se commette rien contre la décence.

V I I.

Ces Commissaires & les deux ci-dessus seront changés chaque jour d'assemblée & pris par ordre alphabétique sur une liste authentique des Membres.

V I I I.

Les Secrétaires auront toujours cette liste sur le bureau : ils proclameront le nom des Commissaires de la

Séance suivante. Après la lecture de la Correspondance ; si ceux qu'ils nomment n'étoient présents, ils auront soin de les en faire prévenir.

I X.

Les Commissaires nommés auront soin de se rendre à la Salle, au moment de son ouverture ; ils pourront, au besoin, se faire remplacer, sans en prévenir l'Assemblée, & jamais que par des Membres de la Société.

CHAPITRE IV.

Ordre de la Parole.

ARTICLE PREMIER.

Aucun Membre ne pourra parler sans avoir demandé la parole au Président & l'avoir obtenue.

I I.

Le Président l'accordera toujours au premier qui l'aura demandée, & s'il s'éleve quelque réclamation sur sa décision, l'Assemblée seule prononcera.

I I I.

Le Président ne peut parler dans un débat que pour remettre l'ordre dans la délibération & ramener à la question ceux qui s'en écartent.

I V.

La Tribune ne sera jamais occupé que par celui qui aura obtenu la parole ; les opinions y seront toujours prononcées ; les lettres & procés-verbaux y seront lues de même. Tout membre qui a obtenu la parole, doit s'y rendre, s'il y est invité par la Société ou son Président.

(12)

V.

Nul ne doit être interrompu quand il parle, si ce n'est dans les cas suivants : 1°. Si l'opinant s'écarte de la question, le Président l'y rappellera ; 2°. Si l'opinant s'écarte du respect dû à l'Assemblée ou au Président, ou s'il se livre à des personnalités, le Président le rappellera à l'ordre.

V I.

Aucun Membre n'a le droit d'en appeller un autre personnellement à l'ordre, mais seulement il pourra réquérir le Président de le faire ; & si sa réquisition est appuyée par quatre Membres, le Président consultera l'Assemblée.

V I I.

Si un avertissement général du Président ne suffit pas pour faire rentrer dans l'ordre le Membre qui troubleroit la Séance, le Président l'y appellera en le désignant par son nom : pourra, en cas d'obstination, faire inscrire son nom au procés-verbal, avec censure, & même, de l'avis de la Société, lui interdire, pour un temps, l'entrée de ses Séances ; & dans ce cas, il devra remettre & laisser sa carte au bureau, jusqu'au temps fixé par l'arrêt de la Société.

V I I I.

S'il s'éleve, dans l'Assemblée, un tumulte, & que, ni la sonete, ni la voix du Président puissent le calmer, le Président se couvrira, & alors, ce signal sera un avertissement que, tout Membre qui continueroit de parler ou d'entretenir du bruit, manque essentiellement au devoir du bon Citoyen.

Le Président ne se découvrira qu'après le calme rétabli ; il interpellera les Membres, auteurs du trouble, de déclarer leurs motifs, & leur accordera la parole, & énoncera ensuite l'arrêté que prendra la Société, si elle délibere à ce sujet.

CHAPITRE V.

Des Motions.

ARTICLE PREMIER.

Tout Membre, excepté le Président, a droit de proposer une motion.

II.

Nul ne peut présenter une motion, s'il n'a obtenu la parole du Président, ou s'il ne s'est fait inscrire pour la parole au bureau.

III.

Aucune motion ne passera à la discussion, si elle n'est appuyée par deux personnes, & nul ne pourra la changer ou l'altérer, si ce n'est en vertu d'amendement délibéré par l'Assemblée.

IV.

Tout amendement sera mis en délibération avant la motion ; il en sera de même des sous-amendements, par rapport aux amendements.

V.

Lorsque plusieurs Membres demandent à parler sur une motion, le Président fera inscrire leurs noms, autant qu'il se pourra, dans l'ordre où ils l'auront demandé.

VI.

Pendant qu'une question sera débattue, on ne recevra point d'autre motion, si ce n'est par amendement ou pour faire renvoyer aux Comités ou pour demander l'ajournement.

V I I.

Tout Membre a le droit de demander qu'une motion soit divisée dès qu'elle contient plusieurs articles, mais aucun Membre, sans en excepter l'auteur de la motion, ne parlera plus de deux fois sur le tout ou sur chacun des articles, si la division est arrêtée, sans une décision expresse de l'Assemblée, & nul n'obtiendra la parole pour la seconde fois, qu'après que ceux qui l'auroient demandé pour la première auront parlé.

V I I I.

Le Président aura grand soin que la liberté des opinions soit scrupuleusement respectée ; mais s'il arrivoit qu'un Membre, pour parler trop long-temps ou autrement, excitât des murmures dans l'Assemblée, il la consultera de suite, & si elle décide que l'opinant doit continuer à parler, aucun Membre ne pourra l'interrompre.

I X.

Lorsque l'Assemblée aura décidé que la discussion est fermée sur un objet, la parole ne sera plus accordée que pour des amendements ou sur la manière de poser la question qui sera mise aux voix.

X.

Les voix seront recueillies par assis & levé, & s'il y a quelque doute, on procédéra à l'appel nominal sur la liste alphabétique déposée au bureau.

X I.

Aucune dénonciation dirigée contre un Citoyen ne pourra être faite publiquement par un Membre de la Société, qu'elle n'ait été préalablement déposée sur le bureau, & signée par le dénonciateur.

X I I.

Tous avis & dénonciations anonymes adressés à la Société par des Citoyens qui ne seroient pas connus, feront renvoyé au Comité de Surveillance, avant qu'il en foit fait un rapport à la Société.

CHAPITRE VI.

De l'Organifation des Comités.

ARTICLE PREMIER.

Le Comité de Correfpondance fera compofé de treize Membres y compris le bureau.

I I.

Le Préfident & les Membres du bureau en exercice feront chargés d'élire entr'eux, à la pluralité relative des fuffrages, les Membres néceffaires pour completter avec eux le nombre de treize.

I I I.

Le nombre de treize Membres pour le Comité de Correfpondance étant de rigeur, s'il arrivoit que l'un deux fut nommé Préfident ou Secrétaire, celui qu'il remplaceroit, prendroit place au Comité pendant le mois.

I V.

Le renouvellement du Comité aura lieu tous les deux mois, & les Membres pourront être réélus.

V.

Les fonctions du Comité de Correfpondance font de préfenter à la Société la notice des lettres & imprimés, arrivés dans l'intervalle des Séances, de répondre à toutes les lettres que la Société lui a envoyé, de rédiger les adreffes ou pétitions qui doivent être fignées individuellement, en un mot de faire le rapport à la Société fur tous les objets dont elle l'aura chargé.

V I.

Les Membres de ce Comité fe choifiront un Préfident qui aura toujours place au Bureau , redigera par
écrit le réfumé fuccinct de la Correfpondance & en
fera le rapport à la Société après la lecture du procès-verbal.

V I I.

Le Comité de Correfpondance s'affemblera le lende-
main de chaque Séance pour repartir entre fes Membres l'œuvre dont la Société les auroit chargé.

V I I I.

Il fera tenu note de Séance par Séance fur un ré-
giftre particulier de tous les objets dont le Comité
de Correfpondance aura été chargé, des lettres d'iceux
& des réponfes à faire , le Préfident de ce Comité en
donnera lecture après la notion des lettres & rendra
compte de leur exécution.

I X.

Les petitions & adreffes au corps conftitués ainfi
que les articles qui doivent être livrés à l'impreffion
au nom de la Société , feront préfentés publiquement
à la Société & approuvés par elle.

SECTION II.

Comité de Surveillance.

ARTICLE PREMIER.

Le Comité de Surveillance fera compofé de cinq
Membres & préfidé par le doyen d'âge.

II,

I I.

La nomination en fera faite par la Société à la pluralité relative des fuffrages.

I I I.

Il connoîtra de toutes les lettres ou avis adreffés à la Société contenant des dénonciations ou indications effentielles à la chofe publique, il en délibérera toujours avant d'en donner communication à la Société ; mais dans tous les cas il ne pourra fous aucun prétexte fe difpenfer de faire connoître ce qui auroit rapport au bien public à la tranquillité ou propriété d'un ou de plufieurs Citoyens.

SECTION III.

Comité d'Adminiftration.

ARTICLE PREMIER.

Le Comité d'Adminiftration fera compofé de quatre Membres y compris le Tréforier.

I I.

Les fonctions du Tréforier font de faire rentrer les fonds de la Société à chaque époque déterminée & d'acquitter les mémoires de dépenfes & mandats, pourvu toutefois qu'ils foient fignés de deux Membres au moins du Comité.

I I I.

La fomme fixée pour la contribution de chaque Membre eft de fix livres pour le premier trimeftre de fa réception & de 3 livres pour les trimeftres enfuite.

I V.

Les fonctions du Comité d'Administration font de furveiller les recettes & dépenfes de la Société & de préfider avec la plus grande économie les frais à faire pour le logement, le feu, la lumière, les ports de lettres, les abonnements, encre, plumes & papier pour la Correfpondance & autres befoins du Bureau.

V.

Les Membres de ce Comité feront élus à la pluralité des fuffrages en défignant celui que l'on veut être le Tréforier.

V I.

Ils feront renouvellés tous les fix mois, & pourront être réélus.

V I I.

Tous les objets de dépenfe extraordinaire feront renvoyés au Comité d'Adminiftration, qui n'en ordonnera le payement qu'après avoir vérifié la fituation de la caiffe, & fi les fonds étoient infuffifants, il en avifera la Société à la première Séance.

V I I I.

Le Comité d'Adminiftration produira, à la fin de chaque trimeftre, l'état juftifié de la fituation de la caiffe.

I X.

Les dépenfes de la Société pour les imprimés néceffaires à la Correfpondance journalière & fon adminif-tration intérieure, feront faites fur le compte de la caiffe commune; mais tous les ouvrages extraordinaires dont la Société réclamera l'impreffion, ne le feront que par une foufcription individuelle, & le Préfident nommera pour ces objets particuliers, des Membres qui furveilleront les détails de la foufcription, impreffion & diftribution.

CHAPITRE I.

Archiviste.

ARTICLE PREMIER.

Il y aura un Archiviste au service de la Société, qui sera élu à la majorité relative des suffrages, changé tous les six mois ou continué au gré de la Société.

II.

Il sera chargé de placer dans les Archives de la Société tous papiers, livres, journaux, regiftres & pièces quelconques qui lui seront remifes.

III.

Chaque pièce sera numérotée & portée par ordre dans un inventaire à double, figné de l'Archiviste & des deux Secrétaires, l'un restera aux Archives & l'autre sera dépofé au Secrétariat.

IV.

En cas de changement d'Archiviste, il sera fait un recouvrement & vérification des pièces contenues dans les Archives.

V.

L'Archiviste ne placera & ne donnera en communication aucune pièce des Archives; il restera refponfable de tout ce qui y sera dépofé, & sur la réquifition d'un Comité, il ne fera aucune communication fans reçu du Préfident ou de l'un des Membres.

Le Préfident de la Société a le droit, pendant le cours de fes fonctions, de furveiller le travail des Comités & commiffions particulières.

Le préfent Réglement fera imprimé, & un exemplaire diftribué à chaque Membre, qui en payera le prix au Tréforier

ARRETE' par la Société, dans la Séance du 18 octobre 1792, l'an premier de la Liberté & Egalité Savoifienne.

Signés : DOPPET, *Préfident* ; NOEL, *Vice-Préfident* ; JOSEPH LYONNA, Avoué ; MORAS ; BERNIER ; F. JACQUIER ; FOREST, *Secrétaires.*